RESILIÊNCIA

Arte de Capa
Priscilla Hingred

Diagramação
Dayse Silva

Ilustrações
Priscilla Hingred

Revisão
Aldirene Máximo

Dados Internacionais de Catalogação na Publicação (CIP)

Máximo, Aldirene
Resiliência / Aldirene Máximo & Claudirene Favarin. -- 2. ed. -- São Paulo : Ed. das Autoras, 2020.

ISBN 978-65-00125-53-5

1. Crônicas brasileiras 2. Poesia brasileira 3. Resiliência I. Favarin, Claudirene. II. Título.

20-49964 CDD-B869.8
-B869.1

Índices para catálogo sistemático:

1. Crônicas : Literatura brasileira B869.8
2. Poesia : Literatura brasileira B869.1

Maria Alice Ferreira - Bibliotecária - CRB-8/7964

ALDIRENE MÁXIMO
&
CLAUDIRENE FAVARIN

RESILIÊNCIA

Dedicatórias:

Àqueles que acreditam no poder de cura e na resiliência que há nas palavras.

Aldirene Máximo

Ao meu marido Ronaldo, que buscou em mim ser melhor do que eu estava sendo. Ele que muitas vezes me incentivou no caminho da escrita deste livro, me fazendo ver o que para mim não estava bem iluminado.
Aos meus filhos: Gabriela e Leonardo que procuraram outras coisas para estarem bem, sem a minha presença, enquanto eu traduzia em palavras meus pensamentos, escritos neste livro.
Aos meus pais e aos meus queridos irmãos: Valdirene, que me ouvia e ouve incansavelmente nos meus momentos de certezas e dúvidas e aos outros irmãos: Valéria, Ana, Ademir, Cláudia e Caio que aguentaram e aguentam as ventanias da vida comigo, que mesmo distantes geograficamente estão próximos me dando novos fôlegos e sempre me lembrando das minhas raízes, que me sustentam de pé.

Claudirene Favarin

"Qualquer árvore que queira tocar os céus, precisa ter raízes tão profundas a ponto de tocar os infernos."

(Friedrich Nietzche)

A Deus, que me ensina todos os dias a ser uma pessoa resiliente.
À Claudirene, pela honra em alçar este lindo voo ao meu lado.

Aldirene Máximo

Àquele que me muda de dentro para fora, toda vez que penso Nele, O Deus maior que eu, que fez brotar em mim talentos que eu nem sabia que tinha, colocando pessoas tão especiais na minha vida como Aldirene Máximo.

Claudirene Favarin

Sumário

Prefácio

"Resiliência é a capacidade de se adaptar ou superar situações adversas."

(Wikipédia)

As autoras, através da poesia, presenteiam os leitores com mensagens que funcionam como instrumentos que tocam o coração, a alma e a mente. Esperançam aqueles que tinham resiliência e a perderam, iluminam outros que não a conhece e confirma os que a possuem e reconhecem essa força em suas vidas.

Algumas mensagens soam como oração que mostra toda nossa vulnerabilidade diante do todo e tudo, nos convidando a uma atitude de humildade e também invoca a nossa grandeza que justamente por conhecermos nossas limitações e alcances, nos tornamos serenos e fortes para enfrentar as adversidades da vida.

Algumas poesias têm o poder de provocar novas conexões cerebrais possibilitando ao leitor protagonismo e espontaneidade através de respostas novas e adequadas às situações de maior vulnerabilidade.

O livro é feminino e invoca e convoca nossa humanidade para enfrentar o desafio em construir um mundo onde tragédias tornem os seres, todos eles, mais fortes e os humanos... Humanos.

Rosalvo Pires
(Psicólogo e Psicodramatista)

Apresentação

Nada mais importante nos dias de hoje do que manter acesa a chama da resiliência. Em tempos onde tudo é descartável, a noção de resiliência se torna imprescindível para manter coesa a história das nossas vidas e para sustentar nossas construções, mudanças e transformações. Compreender profundamente o conceito de resiliência e fazer dele um princípio pessoal nos tornará mais fortes e capazes de manter íntegras e legítimas as estruturas da família e da nossa sociedade. Mas o que realmente é a resiliência? Como senti-la? Como vivê-la, experimentá-la e concebê-la?

Essas duas talentosas escritoras buscaram dentro de suas próprias vivências momentos de extremo desafio e inspiração. Corajosamente colocaram em verso e prosa suas emoções mais íntimas, despejaram nessas páginas, em palavras, em histórias e metáforas, a profundidade de seus sentimentos. Ao ler o que neste livro está escrito, temos a oportunidade de saborear, em todos os seus matizes, o caminho da resiliência, inclusive o da crise ou do pesar que despertou sua presença. Sinta também a glória das vitórias e o alívio do findar de grandes adversidades. Além do mais, e acima de tudo, é de suma importância compreender o verdadeiro significado da palavra resiliência. Saber diferenciá-la da impertinência, teimosia ou impetuosidade exige honestidade e coragem.

Nos textos de Claudirene Favarin, você vai encontrar uma pungente visão da dualidade das nossas emoções. Por onde ir? Qual caminho escolher? A autora lança desafios à nossa compreensão, nos instiga ao aprendizado a partir das nossas imperfeições, nos convida e nos conclama a resistir, a ficar de pé apesar de todas as dificuldades. Caminhe!, diz ela. Movimento é vida, o imóvel perece.

Os textos de Aldirene Máximo são um convite à vida, eles nos incitam a abrir nossas mentes e nossos corações ao que a vida oferece gratuitamente a cada ciclo, a cada estação do ano. Em suas linhas, as emoções humanas comparecem em suas polaridades, em seus "altos e baixos" e em todas as suas potencialidades.

Claudirene escreve sobre coragem, ânimo e estímulo para seguir em frente; buscar em si mesmo saídas criativas para suas próprias dores e questões.

Na pena de Aldirene, Deus surge como um Pai protetor em quem se pode confiar, em um caminho reto ou em uma mão para se segurar.

Nos textos destas duas fantásticas escritoras você vai encontrar amor, força, compaixão e inspiração para enfrentar com resiliência, as tempestades da vida.
Saboreie e aprecie o belo!

Eliane F. César
(Psicanalista e Coach)

Resiliência

Vejo a Luz
Que me guia
Farol que ilumina
Minha noite e meu dia.

Poesia e acalanto
Verdades e saudades
Doce encanto.

Deus, meu protetor,
Razão do meu Amor
Que me acompanhou
Até aqui.
Nunca desistiu de mim...

Voz, doce voz
Que me incentiva a
Ver a Luz.

Passado?
Somente as fotografias
Presente?
Resiliência
Futuro?
Misteriosa Luz a confundir
a ciência.

Acredito no infinito
E no Universo
Que ilumina
Estes doces versos...

Resiliência:
Persistência em ver a Luz
do Amor
Que traz todas as respostas
Ao meu coração sonhador...

Resiliência

Como esquecer o que confecciona a nossa história de vida?

Nossos amores (os felizes e os doloridos), nossas saudades (sobre o que vivemos e o que não vivemos e queríamos ter vivido) e até mesmo nossas iras que não merecem explicação, mas estiveram presentes.

Será que a solução é esquecer? Ou saber que aquele vento e aquela tempestade foram para aprendermos sobre nossa força, sobre nossa resiliência em voltar a ficar de pé?

Olhar para trás também vale no andar para frente. E só assim saberemos que somos capazes de resistir!

Afinal, estarmos vivos é o nosso desafio...

Claudirene Favarin

Metamorfose

Desde quando compreendi a simbologia das borboletas, recusei-me a ficar dentro do casulo que me aprisionava e aprendi a admirar minhas belas asas. Voei. O mundo encantei. Eis-me aqui!

Não foi um processo fácil. Doeu muito. Porém, a dor me fez crescer. E quanto crescimento! Digamos que essa metamorfose me curou de mim.

A timidez, o medo e a ansiedade ganharam um novo significado desde o dia em que vi minha imagem refletida nas águas cristalinas de um belo rio.

Foram dias sombrios e solitários. O meu silêncio era barulhento demais. Porém, não tinha para onde fugir. Ou eu rompia o casulo ou ... eu rompia o casulo!

Não foi preciso muito esforço físico. A inquietação de Minh'Alma era tanta que o casulo se rompeu sozinho.

Eu já estava grande demais para viver aprisionada naquele lugar, pequeno demais para mim.

Ouvi uma voz a me dizer: "Voe! O mundo é seu!". Naquele dia, criei coragem e voei...

Foi lindo! Descobri um mundo que sabia que existia. Porém, o medo não me permitia explorar. Conheci outras borboletas. Voei muito alto. Fizemos um lindo espetáculo no Céu.

Ontem, lagarta assustada e insegura.

Hoje, borboleta, resiliente e sonhadora. Sinto-me linda em fotografias, quando pouso em jardins. Sinto - me especial quando inspiro poetas a escreverem seus versos de Amor!

Aldirene Máximo

Ladeira

Ser resiliente é também, ser positivo, é crer e trazer à memória o que te traz esperança!
Dia desses, fui conversar com uma pessoa que admiro muito pelas lutas vencidas e pela sua positividade de hoje.
Ao cumprimentá-la, a elogiei, justamente por ela resplandecer essa crença positiva e seus ensinamentos de que o trabalho árduo traz resultado no tempo certo para o nosso aprendizado.
Ela, ao me ouvir, com seu jeito todo alegre e espalhafatoso, me disse algo muito interessante, eu diria que foi uma lição para mim naquele momento, lição que às vezes, se estivermos atentos ao que parece somente uma conversa despretensiosa, faz a diferença para nos ajudar a subir alguma ladeira da nossa caminhada.
Ela me disse: "– É necessário ser assim e trazer alegria ao nos encontrarmos com alguém, porque se você não trouxer para a outra pessoa o que há de melhor em você, quem irá te dar crédito? Acreditar no que você diz?"
Naquele momento, me reergui! E entendi que além de falar é necessário ter ações a nosso favor! Fui resiliente

naquele movimento de subir a ladeira que já doía a musculatura. Ouvir aquela lição de poucas palavras me fez mais forte!

Claudirene Favarin

Vai dar tudo certo!

A palavra "Resiliência" tem um significado muito precioso para mim. Ser resiliente é acreditar que no final, dará tudo certo. E as adversidades existem para nos fortalecer, para evoluirmos o nosso espírito.

Cada desafio que a vida nos oferecer nos trará uma grandiosa lição.

Quando criança, compreendi que não podemos duvidar do que diz o nosso coração. Entre a Razão e a Emoção, sempre escolhi a Fé. A Fé que meu coração jamais me enganaria. A Fé que Deus tem sempre o melhor para nós. A Fé que todas as coisas cooperam para o nosso bem! A Fé que mesmo no deserto ou enfrentando uma tempestade, não podemos deixar de acreditar nessa Voz interior.

Há quem julgue estranho esse meu jeito de ser. Mas... quando me olho no espelho, mesmo que tenha acordado em um dia ruim, estampo um sorriso no rosto e digo para mim mesma: "Você é forte, você é capaz, vai ficar tudo bem!".

Vivemos uma época em que as pessoas vivem muito atarefadas, aceleradas, sem muito tempo para respirar, para viver e para ouvir essa voz, a dizer: "calma, respira, vai ficar tudo bem!". A vida adulta nos consome de tal maneira que se não nos permitirmos uma pausa, nos perdemos de nós mesmos. E isso é ruim.

Admiro os passarinhos. Que mesmo quando caem dos seus ninhos, continuam cantando, alegres, contemplando a vida!

Nós, seres humanos, precisamos ser mais gratos, todos os dias de nossa existência.

Precisamos priorizar o que realmente é importante. Precisamos silenciar de vez em quando, sair um pouco de cena para relembrar quem somos, o que queremos e como faremos a diferença neste mundo.

Acredito na força da palavra. Algumas ferem e algumas curam. Sempre optei pelas que curam. Muitas vezes, consegui usar as mais intensas e profundas para cicatrizar corações e o olhar triste deu lugar ao sorriso no rosto daqueles que já não tinham mais Fé na vida! O segredo? Apenas dei voz ao meu coração, que precisava dizer: "Você é forte, você é capaz, vai ficar tudo bem!"

Há momentos, que palavras não são suficientes. E o coração ferido, carente de um ombro amigo, só necessita de um abraço. Quantos abraços você já recebeu hoje? E quantos já doou?

Uma certa vez, abracei uma pessoa, pelo simples fato de abraçar e naquele dia percebi quão valioso era aquele gesto de companheirismo. Ela estava muito triste e começou a chorar.
Ouvi as batidas de seu coração, descompassado, desesperançoso, cheio de dor. Eu a abracei o mais forte que pude e disse: "Calma! Vai ficar tudo bem!" Desde aquele dia apaixonei-me pelo "dom do abraço", o que tornou-se minha marca registrada.
Ser resiliente, não é uma missão tão fácil. Há muitos desafios que ainda não superei. Há muitas lições que ainda não aprendi. Porém, uma coisa é certa: tenho mais desafios vencidos do que a superar. Sou humana e está tudo bem!

Aldirene Máximo

Migração

Atualmente moro em outro país que não o meu de nascimento.

Vim para este lugar, o qual considero muito bonito e gosto. Mas, sem saber de tudo o que compunha essa ideia, por mais que tivesse lido, assistido vídeos, pesquisado e me informado. Após dois anos, o aprendizado continua intenso!

Diferente do que diz a música, "Era uma vez" (que meus filhos de 10 e 12 anos amam): "...um joelho ralado dói bem menos que um coração partido...". Às vezes, chego a me questionar e pensar, se é isso mesmo. Porque meu coração não está partido, apenas saudoso dos amores que ficaram no Brasil (amores pelos amigos e familiares) e aquilo que já me era familiar: a profissão, os caminhos galgados e alcançados, lugares, comidinhas, histórias construídas. Mas e os joelhos? Os joelhos se ralam muito com algumas quedas dessa caminhada, porque construir novas histórias é cair e levantar-se, porque mudar de país é construir créditos e não estou falando de créditos financeiros apenas, mas principalmente créditos sociais, ser aceito em novos grupos, aceitar novos conceitos, novas pessoas, novas rotinas, uma nova você! E isso nos leva a muitos acertos e erros, muitas quedas com joelhos ralados e um enorme aprendizado! Isso considero resiliência!

Claudirene Favarin

Renascimento

Acho lindo quando ouço histórias de adultos que se emocionam quando decidem voltar aos bancos da escola. Muitas vezes, encontramos esses grandes exemplos em pessoas que conhecem tão bem a vida. Mas, estão pegando na caneta pela primeira vez. Meu coração transborda quando os vejo reavivar sonhos antes adormecidos. "Agora que já sei ler, vou tirar minha carta de motorista", "Agora que já sei escrever, vou escrever uma cartinha para minha namorada", "Agora que estou quase concluindo o Ensino Fundamental, vou fazer curso tal".

Isso me inspira. Pois nunca é tarde para se realizar sonhos. Recentemente, li a linda notícia de que um senhor que era analfabeto até seus 70 anos, decidiu estudar. E aos 79, publicou seu primeiro livro de poesias. Detalhe: alguns poemas (para sua amada) foram escritos quando ele ainda estava sendo alfabetizado. Assim como uma senhora que publicou seu primeiro livro de poesias aos 101 anos.

E o que dizer daqueles que se dedicam de todo o coração e se formam em um curso superior, durante a terceira idade? (Como exemplo, cito um senhor que decidiu viver o sonho de estudar arquitetura aos 90 anos e teve total apoio dos netos e bisnetos).

E os que viraram empreendedores a partir de uma crise financeira, descobrindo novos talentos, antes, adormecidos? Histórias como essas, eu aplaudo de pé!

Aldirene Máximo

Resistência x Resiliência

Atualmente, ouvimos muito sobre resistência. Resistência na área política, resistência entre gerações, resistência às opções de gênero, resistência às negociações, resistência à guerra, resistir e não negligenciar.
Até quando devemos ser resistentes ou resilientes às adversidades da vida?
Meus sentimentos, falando em resistência e resiliência, me sinalizam que a vida se torna menos dolorida quando entendemos as mudanças, mas nos mantendo atentos para não perder nossa essência, sendo resilientes.
Explico, através de um fato que ocorreu comigo. Meu marido e eu fomos nos despedir de um amigo no aeroporto dia desses. Um grande amigo e sua família! Convivemos com eles bem próximos, nesses dois anos de vida de imigrante, fizemos boas trocas e agora, após seis anos neste outro país, eles estavam voltando ao Brasil devido a novas estratégias de trabalho. Sentimos por eles em nossa despedida, mas entendemos também que cada um sente e resolve suas separações e suas mudanças de forma diferente.

Esta família, com dois adultos de aproximadamente 40 anos, uma filha com 19 anos, um adolescente com 15 anos e uma criança de dois anos, tiveram maneiras bem diferentes em viver suas mudanças. Os adultos, nesta partida sem querer ir, não conseguiam se organizar, embalar, encaixotar as coisas, nem desocupar a casa, que por um bom tempo lhes trouxe abrigo e segurança. Os amigos foram se organizando para ajuda- los a vender o que deveria ser vendido e colocar nas caixas e malas, o que seria despachado e eles pela resistência à partida que a vida oferecia, deixavam suas escolhas nas mãos dos amigos, e foram entendendo e sendo resilientes dentro do processo de separação do que viviam para o que iriam viver.

A filha mais velha resolveu se adiantar e viver sua vida no Brasil, mais rápido, acredito que ela em certo aspecto foi resiliente, mantendo sua essência, assim que sentiu os ventos da mudança necessária.

O filho, talvez pela falta de opção ou pela opção da companhia, viveu junto aos pais e à irmãzinha, todos os vendavais da mudança, assistindo aos pais na casa que desfazia, a ida precoce da irmã mais velha, separação dos amigos e amores, até o último instante e em meio a tudo se organizava calado, as raízes de todas essas relações foram essenciais neste cenário para ele. Acho que mais uma cena de resiliência.

E a criança, a filhinha de dois anos, protegida pela inocência do não saber o que seria o futuro, foi brincando e observando o carrinho, a boneca e a caminha que sumia, o ursinho que ainda dava pra abraçar, e a segurança do papai e da mamãe (autoridade essa que é dada aos pais, divinamente na vida de uma criança) que ainda estavam lá, mas ela não sabia até quando estariam ou se iriam junto com os demais brinquedos e coisas da casa.

Difícil não ter empatia pela história de cada um deles, difícil não se colocar no lugar deles, já que por tantas vezes, eles se colocaram em nosso lugar, durante as boas trocas de nossa amizade.

Eu, com o coração pequeno, torcia para que eles fossem resilientes e resistissem a mais aquela etapa que a vida propunha a eles por algum propósito, e com minha fé que daquela forma eles se tornariam mais fortes para as próximas etapas que viriam.

Meu marido torcendo e sofrendo com eles, resistindo a toda aquela cena, na torcida que a dor que persistia pela ida do amigo, nunca acontecesse conosco, nem que se prolongasse muito para eles, e que em breve voltasse tudo a ficar como antes!

Acho difícil tudo voltar como era antes, depois que ventos assim passam, nossas folhas mudam, nossos galhos envergam, nossa forma se torna outra, apesar de sermos os mesmos a dar frutos. Mas se nossa essência e fé no que acreditamos continuar a mesma, o nosso tronco continuará de pé e resistente, para que sejamos os mesmos em nossa essência, independente das circunstâncias!

Mãe, a Poesia mais bela

Admiro a força e a resiliência que as mulheres adquirem a partir do momento que se descobrem Mães. O Amor de Mãe é Divino e não há palavras que possam definir.

Abençoadas sejam as mães: carregam dois (ou mais) corações dentro de si. Se todo filho compreendesse isso, talvez houvesse mais alegria e esperança no mundo.

Perdem noites de sono quando ouvem o filho chorar, trabalham duro para que nada venha lhe faltar, viram leoa para defender a cria, adquirem habilidades antes nunca imaginadas: Viram a Mulher Maravilha...

Mães são Anjos, são o colo que nos acalenta, são a voz da sabedoria, são o verdadeiro milagre da Vida!

Não há outro meio de chegarmos a este mundo senão, pelo ventre delas.

Mãe, palavra tão pequena, de significado tão grande. Uma única mãe é capaz de cuidar de dez filhos. E dez filhos, nem sempre são capazes de cuidar de uma única mãe.

Mães sentem quando o filho não está bem. E não importa a idade.

Mães, parabéns pela coragem, pelo Amor e por tantas Lições que nos ensinam a cada dia!

Ainda não sou Mãe. Mas, um dia serei. E quando receber essa dádiva, quero inspirar a todos da minha descendência. Quero que lembrem de mim, assim como se é lembrada a Poesia mais bela!

Aldirene Máximo

Irmãos

Irmãos são aqueles que nos fazem resilientes às pressões da vida! Aqueles que nos seguram de qualquer ventania, aqueles que nos seguram ou nos asseguram do furor da raiva, dependendo de nossa maturidade. Simplesmente por serem nossos irmãos.

São, às vezes, a própria ventania quando nos tiram a paciência e equilíbrio que achávamos que era para sempre e até nos tornam melhor na vida se tivermos gratidão.

Irmãos são aqueles que levam a nossa história conosco, seja ela de momentos de boas risadas, eles riem conosco ou riem de nós! Torcem junto ou à distância, dividem o peso de uma tristeza que é comum ou aquelas que são unilaterais também!

Amo os meus irmãos, amo cada um deles do jeito que são, na intensidade que posso, na intensidade que recebem e se fazem presentes na minha vida.

Irmãos são presentes, mesmo quando ausentes, porque um dia nos tornaram diferentes do que seríamos sem eles!

Sinto gratidão pelos meus irmãos e irmãs, de pai, de mãe, pelos primos que por força do que a vida propôs se tornaram irmãos e pelos meus amigos-irmãos e amigas-irmãs!

Claudirene Favarin

A Palavra

Quando algo nos incomoda, precisamos observar os sinais, sair da zona de conforto e "criar novas pérolas".

Trabalhei cinco anos em um local que amava e fui muito feliz. Até o momento em que percebi que eu já não conseguia ser Eu. Pois repetia todos os dias os mesmos movimentos. Quem já assistiu o filme: "Tempos Modernos", acredito que compreenderá bem o que quero dizer. Há uma cena que ilustra bem isso: o personagem repete tanto os mesmos movimentos que age como se fosse um robô.

Aquela rotina simplesmente esgotou todas as perspectivas que eu tinha da minha própria vida: "Qual o meu lugar no mundo?" Faltava algo e eu não sabia o quê.

Então, precisei pausar a vida e silenciar o mundo a minha volta para poder ouvir mais atentamente a voz do meu coração.

Meu coração estava tão acelerado, as emoções tão em desarmonia que foi bem difícil acreditar que eu encontraria o meu ponto de equilíbrio. Logo eu, que sempre tinha respostas quando alguém compartilhava suas dores comigo, não encontrava uma única palavra que acalmasse aquela inquietação.

E a resposta estava dentro de mim o tempo inteiro.

Precisei fazer escolhas que me salvassem de mim. Pois dentro daquela inquietação existiam muitos "gritos silenciosos" que eu teria que decodificar.

Eu, que sempre tinha uma palavra de conforto a doar para meus amigos, não conseguia encontrar uma única que conseguisse me curar. E aquilo me incomodou profundamente.

"Ostra feliz não faz pérola!", já dizia Rubem Alves. Essa frase tem preciosos significados...

A PALAVRA era a fonte da vida, eis a questão.

Foi quando consegui GRITAR e o excesso de palavras sufocadas, presas na garganta, que estavam tumultuando e causando intensa desarmonia, deram espaço às mais lindas e preciosas pérolas.

Escrevi o poema "Loucura[1]", salvei-me de mim!

Aldirene Máximo

[1] poema integrante do livro Metáforas.

Movimentos

Conversando com uma amiga, percebi o quanto é importante a vida se movimentar. Porque movimento é vida! Aquilo que não cria mudanças, possibilidades, adoece, se estraga, padece, apodrece.
A água parada cheira mal, cria doenças, a terra que não é revolvida se torna infértil, o pássaro que não voa, morre de fome ou é comido pelo predador.
Para viver é necessário sair da "zona que nos conforta", assim descobriremos o que somos capazes de agregar ao mundo e saberemos o que o mundo espera de nós!

Claudirene Favarin

Aos ansiosos

Embora seja impossível saber o que o futuro nos reserva, muitas vezes, nos prendemos as nossas tentativas de controle e os "E se..." que nos atormenta, é a grande vilã: a "Ansiedade".

A ansiedade foca a vida no futuro, nos fazendo esquecer que Hoje é um presente, o qual devemos viver/aproveitar intensamente.

É preciso coragem para se desprender de um passado não bem vivido e/ou de um futuro cheio de incógnitas. Focar no hoje, no agora, e construir uma bela história, onde não importa se todos os desafios serão solucionados/superados. Afinal, a vida é um verdadeiro aprendizado e errar faz parte do enredo.

É nessa busca por uma vida mais harmoniosa e equilibrada que encontramos o significado da palavra: "Resiliência".

Aldirene Máximo

Ser resiliente

Ser resiliente quando nossas folhas caem, ser resiliente quando nossos galhos quebram.

Como? Se isso tudo dói!

Como superar para que brotem novos ramos verdes e a vida floresça?

A vida nos transforma, muda nossa estrutura, conforme o que é necessário para aprendermos, para adquirirmos novas formas.

Transformar-se requer voltar-se para dentro, para que nosso tronco, nossos pilares, se tornem mais fortes, mais bem nutridos. Para voltar-se para si, para que nossa seiva se torne mais forte, não é se entregar à tristeza (que pode parecer tristeza por não estarmos socialmente ativos), voltar-se para si é olhar para as nossas capacidades e se fazer corajoso para uma nova etapa de novos riscos, com novos frutos.

No momento certo, na estação certa, floresceremos, estaremos prontos para expandir em ideias e em ações, estaremos prontos para compartilhar nossos perfumes e o gosto dos nossos frutos repletos de sentimentos.

Porque o corajoso é aquele que mesmo com medo vai e faz, diferente do destemido, que não tem medo algum e faz sem pensar ou o covarde, que nunca age.
Em alguns momentos, precisamos recusar algumas coisas de nossas raízes, descartar aquilo que nos faz mal, aquilo que nos enfraquece para agir, reciclar o que for possível, transformar.
Isso é um ato de coragem, nos deixa mais fortes para crescer.
Então, e só assim, cresceremos!

Claudirene Favarin

O Amor...

Você conhece a força que tem o Amor?
O Amor é o sentimento mais resiliente que existe.
Vivemos uma época em que muitos corações se perderam do Amor.
Há quem se engane e acredite que o Amor está no dinheiro, no sucesso e em todas as conquistas materiais. Talvez esse ledo engano seja a causa de tantas catástrofes e desgraças pelo mundo.
Há quem acredite que só existe o Amor-próprio, aquele que faz tão bem ao Ego. Mas... quem pensa assim, infelizmente se engana.
O Amor, em sua essência mais pura, é algo precioso, raro, porém, não tão difícil de se encontrar.
Ele traz consigo: a Paz, a Esperança, a Ternura e a Alegria, tudo o que nos permite sonhar.
Quanto mais o doamos a alguém, mais ele se multiplica.
E quanto mais se multiplica, mais "sucesso" e "realização pessoal" conseguimos conquistar.
Somente o Amor é capaz de nos direcionar à Felicidade!

Lições

Hoje aprendi na prática o que é prosperidade da alma.
Ser próspero é conseguir se sentir feliz com o que temos
E fazer do que temos, algo mais produtivo,
Para mim e para aqueles que amo.
Nem que o que tenho,
Sejam apenas palavras e um abraço para oferecer.
E aí a prosperidade se torna empatia.
Empatia em perceber
Que o outro precisa de um abraço meu naquele momento.
Momento que me foi presenteado.
E o presente me ensina o que é gratidão.
E assim, a vida nos dá uma nova lição.

Claudirene Favarin

Gratidão

Um coração grato é como um jardim florido que exala bons perfumes e enobrecem a alma!
Para atingir a plenitude da gratidão, é preciso renúncia.
Renunciar aos próprios ideais e doar-se mais.
Afinal, nesta jornada chamada vida, todos temos uma missão.
E quando essa missão é concluída, o coração se alegra, grato, por ter encontrado Paz!

Aldirene Máximo

Reflexões

Na vida,
Sorrimos, gargalhamos, nos entristecemos.
Refletimos quem somos, recebemos reflexos.
Reflexos que recebemos e que emitimos nos nossos dias, da nossa história.
Quais reflexos você se permitiu hoje?
Quais reflexos, reflexões, emoções e ações você ganhou e quais você já ofereceu hoje?

Claudirene Favarin

O Espelho

Olhei-me no espelho e não me vi. Era como se eu fosse invisível. Que sensação horrível!

Senti medo. Medo de ter perdido minha identidade. Medo de não "me reencontrar". Doeu. Chorei.

Olhei-me no espelho e vi uma criança. Ela estava triste. E eu não entendia o porquê.

Respirei fundo e tentei reativar minha memória. Lembrei que o juramento que havia feito àquela menininha, até aquele momento, não havia conseguido cumprir.

O choro ficou sufocado.

Olhei-me no espelho e vi tantos sonhos não realizados... tantos sentimentos reprimidos... tantos poemas engavetados.

Olhei-me no espelho e vi uma lágrima deslizar. O coração, que tantos segredos havia guardado, decidiu os libertar...

Alguns sonhos começaram a desabrochar, outros a voar...

E minha imagem no espelho, enfim, surgiu.

A menininha (agora mulher) sorriu. Pois conseguiu se enxergar.

Aldirene Máximo

A imagem dos sonhos

O que são sonhos?
Será que os sonhos são quereres escondidos que às vezes escapam? O querer seu ou o querer alheio?
O seu querer se mistura com o querer do outro ou é só seu?
Onde estamos faz com que o nosso querer seja diferente?
O cenário da sua imagem no espelho torna o seu reflexo mais bonito ou menos belo?
Seu brilho depende do que você se proporciona viver, do que você se apropria?
Qual a intensidade que você tem buscado seus sonhos?
Seus olhos refletem a alegria de ter alcançado algum deles, ou o prazer da busca?
Como você quer aparecer na imagem do espelho? Brilhando ou apagando?

Claudirene Favarin

Estações

Viva suas estações sem medo:

A Primavera te trará os bons perfumes da vida: Afeto, Amizade, Esperança e Gratidão.

O Verão te trará a vontade de viver mil aventuras. Seja na terra, no mar ou no ar. Adrenalina total. Só não se esqueça de beber água no calor de 40° C .

O Outono te ensinará quais frutos já estarão maduros e quais você poderá colher. Mas... se seu coração sentir que determinado fruto não amadureceu, não fique triste. Algumas árvores precisam de um tempo maior. E está tudo bem!

O Inverno te ensinará que calor humano deve ser compartilhado. Distribua abraços quentinhos e sorrisos que iluminem o caminho dos nossos irmãos.

Exale o perfume de cada Flor.
Saboreie cada Vitória com Emoção.
E seja Resiliente ao viver cada desafio da vida, seja qual for a Estação.

Estações

Florescer na primavera requer beleza e pra ser bela é necessário ter recebido e cultivado a força do amor, para assim transformar a seiva interna que dará força no desabrochar do olhar para o mundo.

Florescer na primavera requer a beleza do nascimento, da pele sem marcas, dos olhos que brilham pelas histórias alheias cheias de sorrisos.

Em uma nova etapa acontece o calor das ações, das realizações da vida. O sol ilumina o que foi feito pelas mãos, pelo pensar. O agir independente, que antes não existia e que agora pela liberdade da idade passa a existir.

A força do existir cresce, amadurece e as escolhas são avaliadas com seus ganhos e perdas. Muitas vezes, ainda será necessário ser forte, mas não ser forte para apenas pagar o preço das escolhas que geraram perdas, mas ser forte para querer mais da vida e assumir novos palcos!

Chega então o inverno, o inverno da pele marcada pelo tempo, do olhar para dentro, o inverno do olhar pensativo que se perde no que está à frente, que reconstrói o que está por dentro e renasce para florescer novamente!

Claudirene Favarin

Porto Seguro

Eu o conheci durante uma fase turbulenta da vida. Daquelas em que o mar está bem agitado. Em que o navio estava quase afundando. Eu acreditava no Amor. Mas... tinha medo dele não ser o capitão, escolhido por Deus, para me salvar daquele naufrágio. Em meio ao caos, orei aos Céus e Deus ouviu minhas orações. O navio não afundou. Eu não morri afogada. E iniciamos nossa história de Amor. Ele me disse que foi Amor à primeira vista. Não duvidei. Mas... demorei três anos para acreditar. Namoramos pouco tempo. Éramos adultos e já conhecíamos tão bem a vida, não tínhamos motivos para esperar. Descobrimos que nosso navio teria muitas tempestades para enfrentar, e juntos, a missão seria mais fácil. Talvez... Casamos. De todas as qualidades que ele tem, a que mais me encantou foi quando eu falei do meu sonho de estudar literatura e me tornar uma excelente escritora. Apesar dele não gostar de ler, me disse: "Se é seu sonho, quero te ver feliz!". Prestei vestibular, passei. Mas... perdi o emprego. Não conseguiria pagar. Chorei. Ele me disse: "Não desista do seu sonho. Se Deus te permitiu sonhar, te ajudará a realizar!". Ouvi aquele

Conselho de Amor. Fácil não foi. Mas eu consegui me formar. Enquanto estudava, não deixava de clamar aos Céus para que meus textos viajassem o mundo. Trabalhava, estudava e mesmo sem tempo, escrevia. Tantas madrugadas sem dormir, ajeitando uma vírgula aqui, outra ali. No dia da minha formatura, eu sorri. Ele chorou. Disse que sentia-se importante em me ver realizando aquele sonho e disse que era para eu continuar. Pois aquele degrau seria o primeiro de muitos. Na medida do possível, continuei. Mas, confesso: adoeci. Estudava e trabalhava muito. Precisei pausar a vida. No início, ele não entendeu. Pensou que eu estava desistindo do sonho, do Amor e de mim mesma. Mas, a pausa era necessária. Esgotei todas as minhas forças. Precisava criar uma nova rotina, mais leve e coragem para que a literatura exercesse seu real papel na minha vida. Acreditei naquela voz que dizia ao meu Coração: "Não desista do seu sonho!". Publiquei meu primeiro livro. Ele sorriu. E se comprometeu a me ajudar a vender. Sim. Conseguimos! Como toda história de Amor, vivemos a grande prova: ele também adoeceu. E eu precisei segurar firme a mão dele, ao comandar o navio, para que não afundássemos.

Outra tempestade que veio para que nossa Fé em Deus fosse fortalecida. Seguramos bem firmes a mão um do outro e renovamos nosso juramento: "Aconteça o que acontecer, estaremos sempre juntos!" Em alguns eventos literários, ele se faz presente. Em meu primeiro sarau, eu o homenageei. Ele ficou tímido. Porém, sorriu. Em alguns poemas que ainda não publiquei, ele está. Aquele coração que bate fora do meu peito, é o presente mais lindo que ganhei de Deus. Enfrentamos muitas tempestades juntos. Sorrimos. Choramos. Sentimos medo, frio e sono. Ele é meu cais.

Aldirene Máximo

Resiliência no amor

Esses tempos, li um artigo sobre amor na era digital que citava alguns aplicativos de encontro: TINDER APP, EHARMONY APP, entre outros. Então, me senti um dinossauro, incapaz de escolher relacionamentos dessa forma, incapaz de entender amor dessa forma.

Penso que sim, atualmente vivemos em uma era digital e os processos mentais são realmente diferentes, a grande maioria das reflexões e decisões acontecem apertando botões, dando uma "googada", por consequência, nossa inteligência racional, social e relacional também estão acontecendo de maneiras diferentes.

Mesmo assim, é necessário considerarmos que mesmo havendo infinitamente mais agilidade nas informações absorvidas pelo nosso cérebro, ainda temos que lidar com as frustrações dos resultados. Nossa expectativa ansiosa pode ser ainda mais rápida na busca da resposta. É necessário ainda saber que teremos que esperar o processo para que as coisas estejam prontas dentro de nós. E quando se trata de relacionamento também é necessário esperar o processo para que as coisas estejam prontas dentro do outro.

Relacionar-se é viver em processo, é ter resiliência nas frustrações, nem que seja para sair do lugar comum e mudar a direção para manter a relação.

E entender que existem formas diferentes de amor, que há contrapontos na sua capacidade e dose de dedicação ao outro e na capacidade de dar e receber do outro.

Se não entendermos isso, não aguentamos nos frustrar, não aguentamos a espera, não perdoamos, não tratamos o outro com decência e não concluímos o que antes queríamos tanto e agora o desejo é só de se livrar, ao invés de reformular, reconstruir para manter o que é bom apesar de existir o ruim.

E sim, há relações tóxicas que muitas literaturas e escritos definem, que não podem continuar, mas até mesmo para termos essa critica é necessário não sermos impulsivos e sabermos quem somos e que processos estamos preparados para viver.

Então, que sejamos resilientes também no amor!

Claudirene Favarin

Águias

Quão resilientes são as águias!
Elas nos ensinam que embora as adversidades existam, não podemos desistir.
Elas são capazes de alçar os voos mais altos. São capazes de renascer.
Pois cada desafio traz a sua recompensa.
Águias são fortes e corajosas. Enxergam além...
Sejamos águias!

Aldirene Máximo

O lar

Sempre quis ter um lar, não só uma casa!

Quis ter um lar onde se suspira quando chega e se diz: "Que bom viajar para muitos lugares, mas melhor ainda voltar para onde é o nosso lugar."

Meu coração se alegra quando olho para o que construí nas minhas relações! Construções que me dão crédito e dizem quem eu sou!

Quando me lembro daqueles que já se passaram na minha vida: pai, mãe, tios e avós, já que a família é nosso primeiro meio social, lembro-me de como eu era e das vezes que me levantei depois de um joelho ralado e um choro de medo por não saber o que fazer, mas por ter vencido, um tanto de vezes posso considerar, me sinto esperançosa!

Lembro dos amigos que muitas vezes riram comigo e me fizeram rir com eles, das novidades de coisas que eu nunca havia feito e que a liberdade da idade me permitia agora errar e consertar e percebo que o tentar me trouxe coragem, mais do que o não fazer que me deixou covarde.

Esses fatos me fazem acreditar que quando as situações estão difíceis, eu posso ser melhor do que estou sendo.

Hoje posso sorrir, posso ousar, posso chorar e ter esperança nos erros e acertos, posso acreditar que pertenço, que participei de uma ordem de hierarquia, daqueles que vieram antes de mim, daqueles que possuíam sabedorias, que me construíram, daqueles e através deles que aprendi a receber e a dar.

Hoje posso me encontrar com o outro e olhar olho no olho, se necessário para o meu crescimento e o dele, quando estivermos perto, posso olhar para o mundo com o olhar desse outro para ser capaz de me colocar profundamente no lugar dele e se preciso dar e receber, se preciso perdoar e seguir com o meu olhar.

Então, o nosso lar nos confortará, o meu lar me assegurará! E se eu estiver fortalecida pelo meu lar, pelas minhas histórias e vivências, então, saberei me curvar e me erguer, saberei ser resiliente!

Claudirene Favarin

Montanha-russa

Há quem diga que a vida é uma roda gigante. Mas, às vezes, eu acredito que a minha seja uma montanha-russa: um turbilhão de emoções que eu preciso equilibrar dia após dia. Isso é desafiador.

Tenho me surpreendido nos últimos anos. Entre os "altos e baixos" dessa grande aventura chamada vida, compreendi que sentir medo é normal. E que com medo ou sem medo, cada emoção precisa ser vivida em sua intensidade. E isso é ótimo. Pois em cada grito, sorriso, lágrima e batimento cardíaco acelerado, há um grande aprendizado. Diante dessa afirmação, posso dizer que me tornei corajosa e hoje, quando sei que a vida vai "me propor esse passeio de montanha-russa", embora ainda sinta as famosas "borboletas no estômago", aceito o desafio de estar bem à frente, nos primeiros assentos, permitindo-me sentir o vento, para apreciar o mundo a metros de altura e também por saber que após tantas voltas e tantos desafios, saberei me reconhecer caso enxergue o mundo de ponta cabeça.

Aldirene Máximo

O importante e o urgente

Quantos fôlegos nos faltam na pressa da vida?

Eu diria que o fôlego se perde na escolha do que realmente é importante e o que é urgente.

Uma chamada telefônica é urgente, mas nem sempre é importante. Pagar uma conta é importante, mas precisa de planejamento, para não ser urgente e causar desequilíbrio.

Os "urgentes" da vida nos cansam, porque sempre estão carregados de atender uma necessidade sua que não foi planejada e pensada com calma. Cansam porque acontecem fora do esperado, nos tiram da zona de conforto, para nos mover para algo que pode ser bom ou não.

O urgente é elemento surpresa: Um socorro em acudir ao outro, um beijo roubado porque a paixão é urgente, um grito inesperado porque o medo é urgente, algo quebrado no mal jeito da urgência que toma lugar ao que é importante.

O importante também pode vir acompanhado do repentino, mas se sabe que a possibilidade de ser prazeroso é maior: Uma risada repentina, uma história divertida para que a tristeza não tome conta do que é mais importante, uma tarefa que se propõe e se cumpre dando o sentimento de missão cumprida.

Atender a ambos é necessário à vida.

O urgente nos movimenta e nos faz buscar novas capacidades e possibilidades desconhecidas, nos permite crescer em um momento que estamos para adoecer.

Já o importante é esperado, é categorizado, é planejado, é o buscar o que já temos de forma mais elaborada, nos fortalece, nos garante quem somos.

É importante nutrir os relacionamentos que temos, nutrir rotinas, que nos fazem bem, nutrir atitudes que nos dão alegria, planejar o dia, a semana, uma viagem, uma refeição gostosa, uma música para dançar, exercícios semanais, planejar nossos hábitos saudáveis, aquilo que nos assegura sorrisos e tranquilidade.

Definir o que é importante e o que é urgente (e isso é uma escolha individual) ensina o nosso coração a ter compassos diferentes para cada situação.

O importante e o urgente nos ensinam a ter resiliência para sustentar a vida, independente se os ventos são intensos ou extensos!

Claudirene Favarin

Doação

Meus aplausos aos que guardam a própria dor no bolso e cuidam das feridas do irmão.
Meus parabéns aos pais que sabem que são espelhos para os seus filhos.
Meu mais sincero abraço às mães que ensinam às crianças o significado das palavras: Coragem e Resiliência.
Minha Gratidão às mulheres que me inspiram a dar Voz aos meus sentimentos e pensamentos.
Meu sorriso às crianças, pois são a Esperança deste mundo.
Minha compaixão às pessoas que tiveram suas vozes silenciadas.
Meu repúdio aos que com egoísmo, conseguiram destruir os sonhos/o mundo de alguém.
Meu respeito aos super heróis que arriscam a própria vida para salvar a vida de alguém.
Meu silêncio aos que não têm empatia.
Minha poesia aos que assim como eu, acreditam que o Amor é o sentimento mais nobre que existe.

Aldirene Máximo

Doar-se

Certa vez, meu marido e eu fomos a um orfanato. Não sei muito bem porque, mas lá estava eu, mobilizada por sentimentos que não consegui naquele momento traduzir em palavras.

Havia bebês, crianças pequenas, crianças maiores e adolescentes, um parquinho, muitos olhares, muitos abracinhos de braços fininhos, abraços fortes de braços compridos, acompanhados de pedidos, para nunca mais soltar, ou que não sabiam mais agarrar.

Muitas histórias e muitos desejos de começarem outras e novas histórias.

Havia histórias próximas as minhas e a milhas de distância do que já vivi.

Passeio dolorido para ser empática com a vida e o abandono, era difícil definir o quanto eu queria me doar em contraponto ao que eu conseguia ou podia. Então, eu só me permiti ter fé que haveria cura daquelas histórias por si só.

Será que seria outro abandono pedir a distância de todos aqueles que eu já estava começando a amar?

Fiz o que foi possível fazer, resisti, mas em outro instante quis voltar, estive lá mais algumas vezes compartilhando

dores e amores com aquelas crianças, até que aquele lugar se mudou e as histórias se construíram como puderam.
Naquele momento, também fui resiliente para não despencar e nem despedaçar o outro na esperança impedida pela lei.
Aplausos àqueles que concluíram lindas histórias nesses lugares, pela mão doadora do outro ou pela própria força do crescer de quem fica!

Claudirene Favarin

Aos mestres, com carinho

Quão resilientes são os professores. Nunca param de aprender, para que possam ensinar.

Seus alunos, a maior motivação para continuar. Pois apesar de ser uma linda missão/profissão, ainda está longe de ser valorizada tanto quanto nos países de primeiro mundo.

Apesar dos desafios, eles não desistem. Pois fizeram um juramento e assim seguem nessa jornada: "quem nasceu para ensinar, nunca deve parar de aprender", disse Cora Coralina um certo dia.

Faça chuva ou faça sol, o mais importante é fazer a diferença no mundo de alguém.

Professor: sem essa profissão, nenhuma profissão existiria/ existirá.

Sou grata a todos os que de alguma forma fizeram parte do meu crescimento. Hoje me sinto mais Humana, pois me inspirei em muitos de vocês.

Aldirene Máximo

Professores

Professores são como profetas, que profetizam o futuro do outro. Daqueles, pequenos ou grandes que caem no colo desses mestres da vida.
Professores que profetizam não as suas dores, mas com suas crenças e promessas, curam as dores de quem busca o aprender. Aprender a brincar, aprender a socializar, aprendendo a saber seu próprio espaço e o espaço do outro, depois do familiar.
Professores que um dia aprenderam a compartilhar a sabedoria adquirida e que nos ensinam que podemos mais com o que temos, mesmo que seja só um objeto que escreva e outro que receba, para isso também é necessário ser resiliente no processo do ler, do contar e do crescer!

Claudirene Favarin

Chuva

Chove. Sinto Paz. É como se todas as minhas dúvidas fossem respondidas neste momento.
Tomei banho de chuva. Minh'Alma está bem mais leve...
Sinto o cheiro da terra, vejo o crescimento e fortalecimento das raízes que um dia foram sementes.
Queria dançar na chuva. Para agradecer aos Céus a oportunidade desse renovo.
Há quem não saiba apreciar a Poesia que há em cada gota de chuva. E tem medo de se molhar. Se soubessem quanta resiliência há, pediriam para que o Universo pausasse o tempo.
Farei bolinhos de chuva e um chá. Este é o momento perfeito para escrever uma crônica.

Aldirene Máximo

Choro

Lavar-se em um choro que alivia a garganta, a respiração e o coração. Afinal, essa é a função do chorar, o grito que transborda no momento que deixamos de ser resilientes, calados.

Meu apelo é que você permita lavar a alma, se aliviar e chorar.

Quem reprime, deprime e corre o risco de secar, secar a alma, secar o sorriso, secar o choro.

Para se "restabelecer", ficar de pé novamente, muitas vezes é necessário se hidratar de água externa, de água da vida espiritualizada, de palavras, de atitudes e abraços que hidratam.

É necessário coragem, mesmo quando se tem medo de se machucar de novo, coragem consigo mesmo e para si, se acariciar, se dar amor, se permitir levantar e ter ações que te renovem, se dar outras possibilidades e repudiar aquilo que te adoece, e neste momento, a chuva que machuca também irá embora.

Claudirene Favarin

Jornada

Quando a tristeza e o cansaço surgirem pelo caminho, respire profundamente.
Haverá razões para desistir. Mas... continue!
Há muitas pedras? Muita escuridão? Medo? Apenas respire. E ouça o seu coração. Ele mostrará a direção.
Busque dentro de você, a Luz.
Observe a paisagem: os pássaros, as flores, o vento, a lua e o sol. Cada um com sua essência, trarão Resiliência ao seu caminhar.
Lembre-se dos motivos que te fizeram estar onde está. Falta tão pouco para o destino final. Sim, se olhar para trás, perceberá quão linda e desafiante jornada você construiu. Percebe o quanto você cresceu? O quanto foi forte?
Há mais razões para se orgulhar do que para desistir, correto?
Descansar é permitido, para renovar a alma e o espírito.
Respire!
Todas as manhãs, recebemos a oportunidade de reconstruir nossa história. Acredite: milagres acontecem a todo momento. E hoje não será diferente.

Essa Luz, que há dentro de você, é o farol que te guiará. É a chave que abrirá todas as portas.

Lembre-se: não desista! Sua coragem, por chegar até aqui, é a Inspiração de alguém!

Prossiga! Há um Grande tesouro escondido em cada pedra que você lapidar.

Aldirene Máximo

Caminhos

Andar, falar e pensar, assim como tudo começou no caminho da vida.
Não desista! A dor pode estar grande agora, mas ela se tornará menor à medida que você se encorajar.
Não desista! Só precisa andar um pouquinho por vez. E para andar é necessário primeiro o olhar, olhar para algo que te desperte vontade, vontade de apoiar as pernas; enfrentar a dor dos joelhos inflexíveis, coragem de se equilibrar e ir em direção ao que te atraiu, olhe mais longe. Acredite, você não vai se machucar de novo, você já está mais forte!
Não desista! Comunique o que sente, dê nomes para o que te incomoda e dói. É um aprendizado, avise da falta de amor que você sente, explique e não deixe o silêncio te calar, nem que seja só para você se ouvir.
Pensando assim, acreditando assim, você vai se fortalecer e neste momento, qualquer caminho será possível, porque você já começou a andar e a falar para ter um grande encontro, para se reencontrar.
Muito bem! Não desista!

Mergulhos...

Sempre que escrevo, sinto o mar. E a cada mergulho, onde posso contemplar a natureza e seus encantos, descubro o que há de melhor em mim. Embora enigmático, o mar é lindo! São tantos segredos, que somente os mergulhos mais profundos são capazes de decifrar...

Há quem aprecie o mar de longe... da janela do quarto, no voo de asa-delta ou até mesmo da janela do avião. Nesses contextos, dá para compreender a imensidão. Porém, ao mergulhar e explorar o que há de mais bonito, é possível ter certeza de sua dimensão. Quando criança, aprendi a contemplar o mar de longe. Não sabia nadar. Então, só me permitia molhar os pés e brincar na areia. Adulta, aprendi a mergulhar e quando as águas são cristalinas, não tenho pressa de voltar à superfície.

Dizem que o mar é salgado. Discordo. O mar é doce. Somente mergulhando mais profundamente para perceber. Há Poesia no fundo do mar. E precisa ser poeta para saber descrever.

Há mistérios no fundo do mar. Há cantos (das sereias e dos golfinhos) e encantos jamais explorados. Há navios naufragados. Sonhos ainda não realizados... Há segredos no fundo do mar. Há beleza. Há resiliência, quando o mar fica agitado (pois há conflitos entre suas ondas e as tempestades, pois há conflitos quando suas águas insistem em quebrar as duras pedras), há resiliência quando os rios se juntam ao mar. Há um desejo imenso do mar se tornar Oceano. Para que as histórias de amor sejam mais intensas, mais perfeitas, mais românticas, mais sublimes, mais especiais... Sempre que escrevo, sinto o mar. E a cada mergulho, encontro meu "Eu".

Aldirene Máximo

Profundo

Ser mais profundo te faz correr o risco de ter que lidar com o bom e o ruim.
O bom e o ruim do outro, o seu bom e o seu ruim.
Não dá mais para ser raso quando isso acontece, porque fará com que demore mais chegar no amor.
Amar verdadeiramente é olhar para o outro e ainda dizer que apesar do ruim, ainda vale a pena estar com você, é perdoar, é perdoar-se, é ensinar e aprender, é superar, é mudar junto no que vale a pena, é aplauso para quem é profundo no estar atuando junto no palco da vida.

Claudirene Favarin

Antes da colheita, a persistência...

Primeiro, se prepara a terra: limpar, arar, adubar, plantar, aguar, cultivar.

Depois, a paciência: semente, raiz, tronco, galhos, folhas, flores... frutos.

Nesse intervalo, "o Tempo".

Ah, o Tempo!

Isso vale para toda e qualquer profissão. Não importa se é na agricultura, na educação, na saúde, nas artes. Cada trabalho, por mais simples que seja, para "dar frutos", precisa de dedicação, estudo, planejamento, persistência, Coragem e paciência.

Ser escritor, pode até parecer um sonho. Porém, além de ser uma profissão "solitária", requer resistência, coragem, persistência e MUITA paciência. Principalmente para nós mulheres. Em pleno século 21, ainda é difícil conquistar um mercado dito "masculino". E se a mulher for negra e pobre, a dificuldade aumenta.

Porém, somos sementes. Temos uma força inacreditável, que não nos permite desistir. Se o sonho foi plantado em nossos corações, persistimos até que os frutos amadureçam e nos deem novas sementes. E assim, cultivamos "essa resiliência", de geração em geração.

Eu tinha 8 anos quando me descobri escritora. Hoje tenho 37. São quase 30 anos me aperfeiçoando. Fazendo um curso aqui, um curso ali. Pois ter sido agraciada por esse lindo dom, não é o suficiente. É um exercício diário de autoconhecimento.

Escrever poesia é o que mais amo. Talvez, seja para alguns, a etapa mais sublime da escrita. Pois Poesia precisa ser compreendida, degustada e é necessária uma sensibilidade maior para isso.

Amo literatura. Ela me salva de mim. Ela me faz acreditar na vida. Ela me faz renascer todos os dias.

Aldirene Máximo

Árvores

Eu sempre tive um carinho muito grande por árvores. Os tamanhos, as cores das folhas, as flores e os tipos de frutos que elas são capazes de produzir. Minha sensação em vê-las é muito boa. Saber sobre elas, me fascina!

Árvores tornam a vida possível, elas limpam o ar, fornecendo oxigênio ao fazerem fotossíntese, elas fornecem sombra, embelezam e perfumam os lugares, nos sustentam com seus alimentos, com sua madeira, fornecem borracha para os pneus dos carros e até remédios químicos originários do extrato de folhas, raízes e troncos.

Nos meus caminhos até o trabalho ou para casa ou em um passeio despretensioso, eu sempre observo as árvores e procuro por elas, a existência delas me agrada. Outras pessoas que passam há anos pelo mesmo caminho, nem percebem muitas vezes aquele imenso Abacateiro, ou aquele Chorão que invade a avenida ou ainda aquele Pinheiro por mais perfumado que seja.

Um dia, me dei conta que minha admiração pelas árvores veio de meus pais, que foram agricultores em certo período da vida deles, no interior de São Paulo, esse fato lhes deu muito conhecimento sobre elas e assim compartilhavam comigo, sempre me chamando a atenção, diziam: "– Olha essa é uma árvore de tal fruto, ela dá flores amarelas e perfumadas, essa fica pequena, essa é grande e imponente." Então, aprendi a ter um olhar voltado para elas que me fazia bem. E como é importante termos lentes voltadas para aquilo que nos faz bem, mais do que aquilo que nos adoece! Certo dia, percebi o motivo pelo qual as árvores me davam tanto bem estar: além do que elas já são pela própria existência, era porque elas, as árvores, são objetos intermediários entre meus pais e eu. Eu cresci com elas e cresci com eles!

Elas eram plantadas e cresciam nos maiores e/ou menores lugares do quintal de nossa casa, que ficava em uma região urbana da cidade que morávamos. Mesmo sendo improváveis as possibilidades de se desenvolverem, elas brotavam pela dedicação que meus pais ofereciam em regá-las, limpá-las e podá-las.

Elas, as árvores, me ensinaram muito, me ensinaram que para crescer é necessário ter a capacidade de adaptação às circunstancias, é necessário esperar um processo, um tempo. Tempo muito particular de cada um.

As árvores também me ensinaram que se bem cuidadas, retribuem o que receberam e nos presenteiam com seus frutos, me ensinaram que podem ser fortes mesmo em condições difíceis e sem a oportunidade de crescer, mas mesmo assim crescem, desde que suas raízes estejam saudáveis e em solo firme. As árvores me ensinaram que eu

podia crescer e ser no mundo e retribuir o que me foi dado, ou até oferecer frutos melhores do que recebi!
Sou grata a esta sabedoria Divina das árvores, sou grata a esta sabedoria do Criador que chega a nós!

Claudirene Favarin

Meu lugar no mundo

Aos 17 anos, eu já era poeta e escritora. E por ter aprendido tão cedo a lidar com tantas emoções, meu sonho era ser psicóloga. Meu nível de Empatia sempre foi elevado. Quando criança, "abraçava" as dores alheias. Acreditava que "ser ouvinte", naquele contexto, me faria feliz. Porém, o destino não escreveu a história assim e eu segui o roteiro original, não o que eu idealizei.

Como Poeta, eu teria uma missão diferente e talvez até mais intensa. Tão intensa que já cansei de brigar com a insônia. Sim, poetas têm dificuldade para dormir. Geralmente, são durante as madrugadas que escrevemos nossos melhores textos.

Certa vez, li uma frase de Freud que me chamou a atenção: "Aonde quer que eu vá, descubro que um poeta chegou antes de mim". Senti uma responsabilidade imensa ao compreender que "Ser Poeta", não foi uma escolha minha e é mais uma emoção para eu "equilibrar" dentro de mim. Portanto, gostaria de agradecer e parabenizar "A Terapeuta" que já me acompanha há tantos anos, por imensa dedicação, sabedoria e profissionalismo, pois auxiliar uma escritora perfeccionista como eu, não é uma simples missão.

Acredito que o destino acertou mais uma vez. Pois nossos diálogos são bem poéticos e metafóricos.

Nesse "encontro de almas" que a vida nos proporcionou, descobri o quão resiliente sou pois cultivar tantos sentimentos bons e permitir "o florescer", neste mundo que vivemos hoje, é uma missão que somente pessoas corajosas conseguem cumprir!

Aldirene Máximo

Meu lugar no mundo

Ser psicóloga é estar apaixonada a cada hora, é ser intensa com cada pessoa na entrevista, na orientação ou no atendimento terapêutico.
É estar apaixonada pela criança que está perdida na demanda dos pais, é contar novas histórias a ela.
É se apaixonar pela história de cada adulto, que diminui suas defesas e entrega suas dores, que já se tornaram insustentáveis.
É ser resistente e resiliente no momento do choro, daquele que compartilha suas "preocupações", é se levantar junto depois da queda.
É rir com a alegria do outro, mas também mostrar com firmeza, o que precisa ser olhado e mexido.
É estar comprometido com seu conhecimento e grato por participar da vida de muitos.
É estar bem por você e por aquele que confiou a vida a ti!
É se colocar no lugar do outro, encontrar-se com ele.
É amar o que se faz, o que te faz melhor, como eu amo!

Claudirene Favarin

Contato com as Autoras

aldirene.maximo@gmail.com
claucoachinglife@gmail.com